50歳からはじめる

世渡り美人の言い方・伝え方

コミュニケーション・アドバイザー
河村 都
Miyako Kawamura

SHC

はじめに

ご近所、家族、職場、お店……日常に「モヤモヤ」は溢れている

突然ですが、皆さんにお聞きします。

毎日暮らす中で、「イライラ」や「モヤモヤ」を感じることはありませんか？

なぜこんなことをお尋ねしたかというと、先日、年齢も職業も違う女性5人で会話をしていて、ひとしきり盛り上がった話題が〝暮らしの中のモヤモヤ〟だったのです。

例えば、こんなシーンです。

買い物をよくするスーパーのレジ係の女性の対応が、いつもどこか冷たく感じてモヤモヤ。

タクシーに乗ったら、運転手さんがおしゃべり好きで「メールを打ちたいのになぁ」とモヤモヤ。

電車の席に座った途端、ご高齢の方の姿が目に入り、譲るタイミングを失ってしまってモヤモヤ。

子どもが通う学校のお母さん同士のつきあいが頻繁にあって気が重く……、モヤモヤ。

数十年前に結婚した夫の食事中のクセがずっと気になっていて、モヤモヤ。

職場の上司が気分屋で、せっかく作った資料をしょっちゅうやり直し。その度に、モヤモヤ。

集まった女性たちは「あるわよねー」と意気投合。そして、「どうしたらいいのかしらねー」と首をかしげていました。

ずっと話を聞いていた私はキョトン。

「それって、ちょっとの行動ですぐに解決できるんじゃないかしら？」

言った途端、隣に座っていた私のことをよーく知るスタッフのナオミさんが深く頷いて一言。

「たしかに！　河村さんはモヤモヤをためこまない天才ですものね！」

そうかしら？　でも言われてみれば、当たっているかもしれないなと思いました。

私は若い頃には幼児教育に携わり、その後、一般企業に25年勤めてお客様対応に従事し、60代で独立。現在は、幼児教育や人材教育、コミュニケーション全般にかかわるコンサルタントとして、研修や講演を行なっています。

この歳にして毎日お声がかかるありがたさを感じつつ、プライベートでは双子を育てる娘夫婦と同居しています。孫誕生と同時に抱えた「孫ブルー」の葛藤については前著『子や孫にしばられない生き方』でたっぷりお伝えさせていただき、ＮＨＫをはじめテレビやラジオで大変な反響となりました。

これらの経験から自然と身についたのか、私はモヤモヤの芽は見つけた瞬間に摘み取るタイプ。

だから、ストレスを溜め込まず、毎日ごきげんで過ごしているのです。

かといって「楽観的な性格でいいですね」と言われると、ちょっと反論したくなります。

コミュニケーションは才能ではなく、〝技術〟です。

つまり、誰でもトレーニングで身につけられるものだと私は思っています。

限られた人生をできるだけ笑顔で過ごしたい！　あれもこれも楽しみたい！と幸せに対して貪欲な私は、日々のあらゆる場面での〝モヤモヤを溜めこまない技術〟を工夫して考え、いろいろと試しながら習得してきたのだと、あらためて自覚しました。

その技術の一部をご紹介することが、誰かのお役に立つかもしれない。と考えたのが、本書を出す動機です。

一つひとつのモヤモヤはささいなことかもしれません。でも、その小さなモヤモヤが繰り返され、積み重なっていくと、ストレスの蓄積は相当なものになります。

顔のシワが気づかぬうちに少しずつ刻まれて、いつのまにか深くなってしまって、不機嫌顔で過ごす人生はまっぴらです。

眉間はすっきり平らかに、ニコニコ笑顔で人生を楽しみたいではありませんか。

その「モヤモヤ」は誰のせい？

善は急げ。

さっそくですが、モヤモヤ解消の技術はどういうものなのか、そのポイントをご説明します。

まず、先ほど挙げたような日常のモヤモヤの原因が〝誰に〟あるのかを明らかにしましょう。
モヤモヤの原因は誰にあると思いますか？

気の利かない店員さん？
意地悪なママ友？
非常識な夫？
器の小さい上司？

いえ、原因は〝あなた自身〟にあるのかもしれません。
気を悪くなさらないように。モヤモヤを生むきっかけとなる行動をしたのは相手です。でも、その行動をどうとらえ、どう対処するのかはこちらの気持ち一つなのです。

モヤモヤを生む行動のパターンは、次の３つに集約するのではないかと思います。

モヤモヤを生む行動パターン❶……一方通行

理解しがたい行動をとる相手に対して「直接のコミュニケーションを避けたい」という気持ちが働いて、「やめてください」など一方的な拒否反応だけを示す。直接話すのではなく、メールや貼り紙で済ませて終わり。

←

相手がどう思ったかを把握しないままなので、モヤモヤは残る。

モヤモヤを生む行動パターン❷……溜め込む

衝突を避けようと、相手に対して言いたいことを言えずにずっと胸にしまっておく。

←

不満は増大する一方で、余計にモヤモヤ。

モヤモヤを生む行動パターン❸……マニュアル志向

「お客とはこうあるべき」「部下とはこうあるべき」「妻とはこうあるべき」「ママ友付き合いとはこうあるべき」という既成の価値観にしばられて、型通りの対応しかできない。

↓

本当に伝えたいことは伝わらず、やっぱりモヤモヤ。

一つでも思い当たるところがあれば、ぜひ改善に向けてチャレンジをおすすめします。

といっても、難しいことではありません。要はすべてをクルリと〝裏返し〟にして、逆の行動パターンに変えてみればいいのです。

一方通行

↓

双方向

溜め込む → すぐに、そして笑顔で！

マニュアル志向 → ユーモア志向

つまり、こういうことになります。

モヤモヤスッキリ！の行動パターン❶……双方向

不可思議な行動をとる相手のほうにも何かの事情があるのかもしれません。相手の気持ちを知るだけで、一気に問題解決！　ということも。双方向のコミュニケーションを心がけて、モヤモヤスッキリ！

モヤモヤスッキリ！の行動パターン❷……すぐに、そして笑顔で！

問題は溜め込むほど大きくなります。あれ？　と感じた時に、すぐに行動するほうが吉。しかも、深刻な顔をして近づくよりも、笑顔で明るくサッパリと。状況にもよりますが、気難しそうな相手ほど、まずは心を溶かす作戦が有効です。

モヤモヤスッキリ！の行動パターン❸……ユーモア志向

マニュアル通りの対応なら機械にもできます。「あの人にはこんなふうにアプローチしてみたら好転するかしら？」と自分なりにアレンジしながら押し引きを。知性のあるユーモアを磨ければ、人としての魅力になります。

このような基本の行動パターンはすべてのシーンに通じて応用できますが、毎日のように顔を合わせて信頼関係が成り立っている家族と、ほどよい距離感でお付き合いを続けることが大切なご近所仲間とは、また異なるポイントもあります。

その違いを整理して、この本では「接客対応」「公共の場」「ご近所づきあい」「家族間」「職場」の5つのシーン別に、ありがちなモヤモヤの具体例を挙げ、その解消法をお伝えします。

小さなモヤモヤ解消の積み重ねで、大きなハッピーに！

さあ、一緒に笑顔を増やしましょう。

目次
CONTENTS

Chapter 2

公共の場での モヤモヤ

Chapter 3

ご近所づきあいのモヤモヤ

Chapter 4

家族間のモヤモヤ

Chapter 5

職場でのモヤモヤ

Chapter 1

接客対応へのモヤモヤ

接客対応へのモヤモヤ その1

こんな時どうする？

ずっと話しかけてくる店員さん

美容院ではゆっくりしたいのに

今日は月に一度のヘアカットの日。
リラックスしようと美容院に出かけたのに、
新米美容師さんがずっと話しかけてくる。
本音は雑誌を読みながらゆっくり過ごしたいんだけど……。

あるある対応

せっかく話しかけてくれるので、会話を頑張る。
でも、特に関心のない話題なのでかえって気疲れ。

私はこう対応してスッキリしました！

最初にサッパリと一言。「今日はゆっくり休みたい気分なの」

ありますよね。ゆっくり休みたいなぁという時に限って、よく喋る店員さんに当たっちゃうこと。

きっと接客マニュアルに「お客様と会話をしてリラックスした雰囲気を楽しんでいただく」とでも書かれているのでしょう。でも、こちらとしては「静かにしてもらえるほうがリラックスできる」という気分の時もありますよね。

一生懸命会話を盛り上げようとする新人美容師さんを見ていると、気の毒にさえなってきます。

だから、私はいつも**静かに過ごしたい時は席に着くなり〝宣言〟**。「最近ずっと忙しくしててね、今日はゆっくり休みたい気分なの。雑誌を読んでいてもいい？」

こちらから希望を伝えてしまえば、相手も合わせるだけですし、余計な気を遣うこともなくなりますよね。

美容院以外でもタクシーに乗る時なども同様です。私はどうも話しかけられやすいタイプのようで楽しく会話に花が咲く時もあるのですが、運転手さんの身の上話まで聞く余裕がない場合には、「ちょっと急ぎのメールを打ちたいので、上の空になっちゃうかもしれません」とか「少し考え事させてくださいね」と率直に伝えます。

「そんなにハッキリ言いづらい」という方もいるかもしれませんが、お客にも**いろんな希望があるのだと知ることも、サービス業に携わる人にとっては大事なことだ**と私は思います。だから、堂々と、サッパリと。

良い店を育てるのは、良いお客。私はそう考えているので、「このお店、なんだか好きかも。もっともっとサービスを磨いて、私のお気に入りにしたいなぁ！」と思った時には、私は心を決めて人を育てます。

例えば、美容院の技術を直に感じられるのがシャンプー。美容院の良し悪しはシャンプーで決まる、と言ってもいいと私は思っています。お客さんの好みに応じてマッサージする指の力を強くしたり、弱くしたり。生え際から襟足まで隅々まで気持ちよく。まさに「かゆいところに手が届く」シャンプーをしてもらえると、「これぞお金を払う価値あり！」と満足できます。

反対に、間の抜けたシャンプーをされるとガッカリ……。その日一日、モヤモヤとした気持ちのまま過ごすことになるくらい。

でもね、シャンプーの好みは人それぞれなのですから、こちらから何も言わずに「察してください」というのも勝手な言い分です。

私が今通っている美容院との付き合いはもう12年になりますが、担当の美容師さんには繰り返しシャンプーの要望を伝えてきました。

「私は少し強めのマッサージが好き。でも、洗い残しは嫌だから、丁寧にお願いね」「そこはもう少し指に力を入れて、頭頂部をまんべんなくマッサージして」云々、細かいことも遠慮なくです。

するとと不思議なくらい上手になるんです！　**上達を感じたら、「今日のシャンプー、最高だった！　スッキリしてご機嫌で1日を過ごせそう」と笑顔満点で褒めます。**お互いに気持ちよく、成長もできるのでウインウィンですよね。

接客対応へのモヤモヤ その❷

こんな時どうする？

過剰サービスにうんざり

一体誰のためのサービス？

レジ
ポイントカードは？
持ってませんけど
お作りしますか？
すぐできますしー
お得ですしですしー
じゃ…じゃあお願いします
ありがとうございましたー
これって本当に「お客のため」なの？
ポイント
もや〜ん

買い物の時レジで会計していると必ずと言っていいほど聞かれる
「ポイントカードはいかがですか？」。

おトクになるのかしら？

と勧められるままにカードを集めると財布がパンパンに！

これって本当にサービス？

×

あるある対応

「おトクになります」のアピールを真に受けて、ポイントカードを受け取る。なのに、次回の買い物の時に忘れてガッカリ！

私はこう対応してスッキリしました！

不要なサービスはハッキリお断り。紋切り型ではない心のこもったサービスには笑顔を

サービス業に長く携わってきた私は、買い物に行くたびに「これってサービスの押しつけじゃないかしら？」と気になってしまうことが度々あります。

お店側が**「サービス」のつもりで慣習的にやっている行動が、実は的外れになっている**のでは？　とちょっと首をかしげたくなるのです。

例えば、洋服を買った時に「出口までお持ちいたします」と商品を入れた紙袋を持っていただくサービス。大した重さでもないですし、それほどありがた

いとも感じませんが、どの店も判を押したようにやりますね。

店に入った途端、「ご試着もできますので」と声をかけてこられる時も「分かっています」と言いたくなります。

お会計の時に何度も勧められるポイントカードも、私は決まって「結構です」。スタンプ20個集めてどれくらいの割引になるのか、一度計算してみて「たったそれだけ?」とガッカリしたからです。

おまけに、そのお店で買い物をする度に「あのカード、どこにしまったっけ?」と財布の中を探すのも面倒ではありませんか。「**私が求めるサービスはそれではありません」という意味を込めて、受け取らない**ようにしています。

型通りのサービスにはうんざりしますが、**お客の一人ひとりを大切にしている言葉がけや気遣いに触れたら、嬉しい気持ちをフィードバック**。

例えば、私がとても贔屓にしている洋服のブランドショップに買い物に行った時のこと。試着室を出て会計を済ませようとすると、馴染みの店員さんがニッコリと私にジュースを差し出してくださいました。

「河村さま、たしか前回いらっしゃった時に、『下階で売っている桃のジュースが美味しいの』っておっしゃってましたよね。今日は特に乾燥していますから、どうぞ喉を潤してお帰りください」ですって！

思いがけないことにビックリしましたが、「何気なく言っただけのことを覚えておいてくださったのね」と気持ちが上向きました。そんな時は「**ありがとう。嬉しいわ**」と**プラスの言葉でお返しを。**

ただし、こうも付け加えました。「次回からはもう気を使わないでくださいね。私はたしかにこちらで時々お買い物はしているけれど、ジュースは自分が飲みたい時に自分で買いますからね。それよりも私が大好きな柄のシリーズが入荷したら、いち早く教えてほしいわ」。これも**ニッコリと。**

膝を痛めて接骨院を探した時も、サービスの質は本当にまちまちだと実感しました。何軒かの接骨院でぶっきらぼうな対応に失望した後、信頼できる人からの紹介で行き着いた接骨院は、少々遠方でしたが「わざわざ行く価値あり」と思えるところでした。

何が違ったのかといえば、患者一人ひとりを理解し、大切にし、懸命に治そうとする姿勢が全スタッフに行き届いてること。きっと丁寧に情報共有の時間

をとっているのでしょう。私がどんな痛みで来院し、どこまで回復したのか。**いつ行っても、誰が担当しても正確に把握している**のです。ここでも私は「おかげで真面目に治していこうとやる気になれるわ！」と**感謝のお返しを**しました。

サービスを受ける側も、単に受け身になるのではなくて、**「嬉しいサービスだけを喜んで受ける」という姿勢を見せる。**そして、頑張っているお店にはエールを送る。そのほうが、もっともっと素敵なお店が増えるはず……と期待を込めて！

接客対応へのモヤモヤ その3

こんな時どうする？

何かが足りない介護施設

いる人み〜んな無表情の怪

家族が入居していた介護施設。
ひと通りのサービスは問題なくやっていただけるのだけれど、
入居者が一様に寂しそう。
職員の声掛けが足りないのでは？

あるある対応

その場では何も職員に伝えず、後日、
運営企業の本社に「意見」として電話やメールを入れる。

接客対応へのモヤモヤ その❸

私はこう対応してスッキリしました！

現場の責任者にストレートに伝える ただし、感謝と「いいこと」を先に！

私の義理の両親は、とてもしっかりと自立した考えを持った人で、晩年は元気なうちから二人で一緒に介護施設に入居して暮らしていました。

食事などひと通りのサービスは何も問題はなかったのですが、何度か通ううちに、ふと「何かが足りない」と感じるようになりました。

何が足りていないのか。それは職員と入居者の方々の間に交わされる会話や笑顔なのだと、すぐに気づきました。広い敷地の中の庭やロビーには、入居者の方々がポツリポツリと座っているのに、職員の方は型通りの挨拶を交わすだけで、誰も足を止めて会話しようとしていない。

特に一人で入居されているお年寄りにとって、一番のサービスは、寂しさを紛らわしてくれるコミュニケーションのはず。

「今日はいいお天気ですね。庭の紅葉がすっかり色づきましたよ、ご覧になりました？」「まぁ、手元で作っていらっしゃるのは何ですか？　器用でいらっしゃるんですね。昔何か教えていらしたのですか？」

そんな会話がどこからも聞こえてこないことに、私は疑問を感じました。

疑問を感じたら……私の行動は早い！　コンコン、とノックした先は、施設長が待機しているスタッフルームでした。

中を覗くと何人かのスタッフがいらっしゃったので、**施設長だけに合図**をして「ちょっとよろしいですか？」と部屋の外に出てきてもらいました。これは、**他のスタッフの前ではなく、1対1でお話しするという配慮**です。

マイナスの指摘をする時にはプラスから伝えて相手の心をほぐす、というのが鉄則です。顔はニッコリ笑顔で。

「日頃は父母がありがとうございます。いつも部屋をキレイにしてくださるし、お食事も美味しいみたいですし、こちらにお世話になって、本当に良かったと思っているんですよ。でも、一つだけ気づいたことがあるんです。お伝えしてもよろしいですか？」

少し緊張気味に頷く施設長に、「ほら、リビングルームをご覧になってください」と促しました。「あちらのソファの周りに7人くらいいらっしゃいますよね。でも、誰ともお話しされていないの。職員の方が間に入って会話が弾めば、もっと皆さんが元気に楽しく過ごせるんじゃないかって思うんですよ」。施設長はリビングルームの様子をしばらく眺めて「たしかにおっしゃる通りですね。今度、ミーティングで話し合ってみます」と答えてくださいました。

この時、**伝え方のポイントとして〝現場を一緒に見る〟というのが重要**でした。気づいた時にその場で言わずに、後になって運営会社に「意見」として連絡を入れるという方法もあるかもしれません。でも、私はそれではかえって遠回りになるし、現場の反発を招いて逆効果になるリスクもあると思います。

別の場面では、ケアマネージャーさんに「お年寄りには赤ちゃん言葉ではなくて、目上の人に相応の敬語を使ってくださいね」とお願いしたこともありま

した。私がお願いしているのは、それほど難しい要望ではなく、人として少し考えれば行動できるレベルのこと。プロとしてサービスを提供する職業についている方々なのですから、きちんとした態度でこちらが要望を伝えたら、しっかり返してくれるはずだと私は信じているのです。

マイナスの指摘こそ、その場で、ストレートに、笑顔で！　これがモヤモヤ解決の近道です。

接客対応へのモヤモヤ その❹

タクシーの運転手さんが超不機嫌！

こんな時どうする？

乗客への要求がはげしすぎ？

仕事先でタクシーを予約してもらった時のこと。
予約の電話した人が青ざめて
「運転手さんが『1分でも遅れたら発車する』ですって…」と。
あらあら、変な運転手さんに当たっちゃったかしら？

あるある対応

タクシーに乗り込む時に
「お客に対して『1分も遅れるな』なんてどういうことですか！」
とクレームを伝える。

私はこう対応してスッキリしました！

「ほら、1分も遅れなかったでしょ！」気難しそうな相手ほど、笑顔で先制が◎

その日はいつも以上に訪問仕事が立て込み、1件目の幼稚園での用件を終えたらすぐに次の訪問先へと移動しなければいけないという慌ただしい日でした。遅れてはいけないので幼稚園に到着して早々、「12時55分にタクシーの予約をお願いします」とお伝えしました。

園長先生がすぐに対応してくださったのですが、電話を切るや心配そうな顔でおっしゃるのです。「つながったのは個人タクシーの運転手さんでした。12時55分に予約はできたんですけど……『1分でも遅れたら発車しますから、時間通りに来てくださいね！』ですって。河村先生、大丈夫ですか」

おや？　ちょっと変わった運転手さんかしら？　なんて思いましたが、「大丈夫ですよ！」と答えました。

仕事を終えて、「遅れちゃいけないわ」と12時50分に門の外に出てみると、タクシーはすでに待っていました。

運転席には仏頂面のおじさんが座っています。開いたドアから乗り込む時、私はあえてフランクに笑いながら「1分も遅れなかったでしょ～？」と話しかけました。

ちょっと不意を突かれたような顔をして数秒後、運転手さんは表情を崩しました。

「いやいや、ごめんね。最近ね、立て続けに嫌なお客さんに当たっちゃってね。時間指定をしておきながら、平気で10分、15分と遅れてくるんだよ。そのくせ、『遅刻はできないから早く到着しろ』だって」

「ま～！　そんなお客がいるの。大変ねぇ、運転手さんも」

「そこでちょっと文句でも言おうものなら、後から予約センターにクレームが行っちゃうからさ。だったら予約の時点でトラブルを防がなきゃって、あんな言い方になってしまってね」

「予約しておいて遅れた上に急げだなんて、私でも頭に来ちゃうと思う！」

「お客さんみたいに、5分前に来て笑顔で乗ってくれるなんて最高だよね。さあ、どちらまで？」

「あのね、実はすごく急いでいて、最寄駅までお願いするつもりだったんだけど、横浜駅まで15分以内で行けそうならそっちのほうが助かるんです」

「いい道知ってるから、横浜駅まで15分で着いちゃうよ。じゃ、安全運転で行きますよ」

プロがやる気になるとさすがです。本当に12分で到着してしまいました。おまけに「早めにメーター止めとくよ」なんてサービスまで。

車に乗るまでに想像していた印象とまるで違う結果になって、私もビックリしました。

運転手さんの**心を溶かしたのは、笑顔とちょっとしたユーモア、そして、寄り添いの言葉**だったと思います。それだけでこれほど張り切ってくださったと

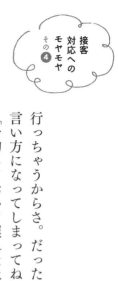

いうことは、普段はどれだけ横柄なお客を乗せているのかと悲しくなってしまいます。

「お金を払うほうがエラい」なんて嘘。**世の中はお互い様で成り立っているんですから、サービスを受ける側も与える側も気持ちよくやりとり**していきたい。私はそうありたいと思います。

Chapter 1

接客対応へのモヤモヤ

この章でのスッキリ対応のポイント、まとめ

Point 1

「嬉しいサービス」をハッキリ言葉で伝える

かゆいところに手が届くサービスを求めるなら、お客も黙っているだけではダメ。してもらって嬉しいこと、こんなサービスは大歓迎！　という希望は、できるだけ具体的に伝えたほうが早道です。

逆に、「かえって迷惑」と感じる過剰サービスに対してはお断りすることも必要。上質なサービスは、客の反応次第で育つものだと思います。

Point 2

偉そうな態度はNG！　相手の立場に立つ

いくらお金を払っているからって「お客だからエライのよ」という態度を取るの

は間違いですし、品のいいものではありません。

「あら？」と感じる接客に何か事情がありそうだと感じたら、お店側の立場に立って思いやる気持ちも大切にしたいですよね。

お店の人・お客という関係の前に、人間同士なんですもの。お互いに気持ちのいい交流ができたら、その日一日いい気分♪それだけでもおトクです。

Point 3

素晴らしい接客には満点笑顔で感謝を伝える

ブラボー！　と拍手を送りたくなるような感動接客を受けた時には、きちんとその感動を言葉にして伝えることが大事。「ありがとう！　本当に素晴らしいわ」と大袈裟なくらいに。そのフィードバックによって、そのお店のサービスの質はさらに向上していくはずだからです。

できれば本人だけでなく、その人の上司にも伝えるのが理想。感動が評価にもつながって、ますますやる気になってくれたら嬉しいですよね。

Column

1

私が体験した感動のおもてなし

日本人は接客が丁寧だと言われますが、マニュアルを完璧にこなすことが真の「おもてなし」だとは思いません。私が心から感動したおもてなし体験を1つ。旅行先のタイでの出来事です。

その時期、夫の仕事の関係でバンコクに行くことが多かった私は、あるホテルを定宿にしていました。いつ行ってもアットホームな雰囲気で客を迎えるサービスが気に入っていたのです。

泊まって2日目のこと。外出先から戻って部屋に入った私は朝と様子が違うことに気づきました。

ツインベッドの真ん中に置いてあったはずのサイドテーブルが、ベッドの外側に移動していたのです。少し考えて、ピンと来ました。ホテルの客室係の方が、私の「言葉にしないニーズ」を敏感に感じ取ったことを。

就寝時、私はいつも体の右側を下にして寝る癖があります。自然、体は右側を向きますから、水分補給のためのコップや眼鏡、読みかけた本などを置くサイドテーブルはベッドの右側にあるほうが好都合なのです。

たまたま、この日に泊まったホテルのレイアウトはそうなっていなかったので、自分で工夫して小物の置き場所を作っていたのですが、そのことを客室係の方は気づいてくださったのでしょう。サイドテーブルをベッドの右側に移動していたのです。

何も言っていないのに、そこまでやってくださるなんて！

私はすぐさま、ロビー階まで降り、コンシェルジュに感動を伝えました。そして、チップを預けて「客室係の方に渡してほしい」とお願いしたのです。

コンシェルジュの方も「スタッフはここで20年働いていますが、このようなお声をいただけたのは初めてです。きっと大変喜びます」とおっしゃってくださいました。

素晴らしいサービスには「リピーターになる」ことでお返しするのが一番です。そのホテルをすっかり気に入った私は数年後、また同じホテルに予約を入れ、宿泊しました。

チェックインし、部屋でくつろいでいると、フロントから電話が鳴り、「お客様にご挨拶をさせていただきたい者がおります」と案内がありました。待っていると、現れたのは私が感謝を伝えた客室係の方、そのご本人だったのです。

私は英語も充分に話せませんが、通訳をしてくださったコンシェルジュによると、一連のエピソードは世界中でチェーン展開するホテルの重役の耳にまで届き、全社メールで紹介されたそうです。

私はその取り計らいにも嬉しくなりました。客室係の方から受けた感動に対する感謝を、きちんと私が返したことで、ご本人だけでなくそのホテルで働くすべての方々にも共有していただけるメッセージになったのですから。

最高のサービスは提供する側もされる側も、一緒になって作り上げていくものだなと強く感じた体験でした。

これは海外でのエピソードですが、国内のホテルでも心のこもったサービスを感じることはあります。例えば、ティーラウンジの利用や催し事で伺うことが多い新宿の某ホテルでは、トイレで清掃するスタッフもにこやかに「ようこそ」という笑顔で迎えてくださいます。私ももちろんにこやかに、お互いに気持ちのいい時間を作ろうと心がけています。

笑顔の積み重ねで、心地良い場所をたくさん増やすことができたら、最高！だと思いませんか？

Chapter 2

公共の場での モヤモヤ

公共の場でのモヤモヤ その❶

こんな時どうする?

子どもの担任がキテレツ先生?

保護者の噂を真に受けるべき?

子どもが通う学校のクラス発表でママ友がザワザワ！

どうやら担任に決まった先生は風変わりで有名な先生なのだとか。

「子どもたちがかわいそう。最悪ね！」

と1学期が始まる前から、嫌〜な雰囲気です。

あるある対応

ママ友から聞く評判を鵜呑みにして、「何かあったら校長に言いつけなきゃ！」と先生を監視する。

私はこう対応してスッキリしました！

噂は気にせず、1対1で先生と向き合う 先生の気持ちに寄り添ってエールを送る

娘が小学校に入ってすぐのことでした。クラス分けが発表された掲示板を見ていると、一緒のクラスになった子どものお母さんが「アンラッキーねぇ！」とため息をついたのです。担任に決まった女性のベテラン、A先生がかなり悪評高いキテレツ先生なのだとか。

たしかに、参観日で授業を見に行った印象としては、話す言葉が分かりづらいなと感じました。さらに、娘から日々聞かされる様子も「体育の授業の前に、教室でいきなり服を脱いでビックリした」「給食の時に、牛乳をパックからラッパ飲みしたんだよ」と、「どっちが生徒?」と耳を疑うような話ばかり。私自身は「子どもを教育するのは、学校だけじゃない」という考えでしたから、娘には「あら〜。先生、いつも面白いわね。今度『牛乳はコップやストローで飲んだほうがいいよ』って教えてあげたらぁ?」なんて返していましたが、周りのお母さんたちの不安はどんどん募ったようです。日に日に、A先生は悪者扱いされていました。

これはちょっとよくないな、と感じた私は、ちょっとした行動に出てみることにしました。A先生のことは何も知りませんでしたが、「もしかしたら孤独なのかもしれないな」と想像がよぎったのです。

仕事がいつもより早く終わったある日、私は娘の小学校に立ち寄って放課後の教室を覗いてみました。すると、教室で書き仕事をしているA先生の姿が。職員室ではなく、教室に一人でいらっしゃるのは好都合でした。

「あら! A先生。こんにちは。河村アキの母です。お仕事、お疲れ様です」

「こんにちは。どうかされたんですか」。先生は私があまりに明るく声を掛けたことが、ちょっと意外だったみたいです。

「いいえ、何も。たまたま通りかかったら先生の姿が見えたので。先生、ちょっと疲れていません？」

途端、A先生は私に気を許したかのように「疲れてるわ〜、私。なんだか皆にも『変な先生だ』って悪口言われているみたいだし…」。やっぱりね、と思った私はすかさず、「疲れているんでしたら、これ。フォションの紅茶です。すごく美味しいから、おうちでゆっくり飲んでくださいね」と小さな包みをプレゼント。「あら、嬉しい！　これ、いい香りなんですよね」。A先生は見たこともない素敵な笑顔に。周りの空気がふわっと変わったようでした。

それから、個人面談や学校行事で顔を合わせるたび、私はできるだけ自分からA先生に話しかけるようにしていました。接するうちに、A先生は確かに変わった行動をする時もあるけれど、一人ひとりの子どもをよく見ていて優しい声がけをしてくれるという素晴らしい面があることも分かってきました。

A先生との1対1のコミュニケーションで感じたことは、他のお母さんたちにも〝私の意見〟として伝えていました。「先生はこう言っている」という伝書鳩ではなく、「私はこう感じた」と自分の考えとして伝えるようにしてい

ました。2学期も終わりに近づく頃には、徐々に先生のキテレツ行動は減り、お母さんたちの態度も変わっていったように思います。

私が気をつけていたのは、「**すでにつくられた評判や噂には惑わされないこと**」。本当にその先生が問題があるかどうかは、面と向かって接してみないと分からない。そして何より、先生の良し悪しを決めるのは保護者じゃなくって子どもたちです。実際、成人した娘も「あの先生、面白かったね」と楽しそうに話しています。

公共の場でのモヤモヤ その2

こんな時どうする？

言葉足らずな医師の説明

ストレートすぎる言葉にグサッ

だんな様ですが、来年の桜は見られないかもしれません
「見られない」ってそんな…
マイナスの言葉でより一層気持ちが沈んでしまうわ
もや〜ん

夫が闘病中に主治医が放った一言。
「来年の桜は見られないかもしれません」。
それは事実なのかもしれないけれど……、
もっと配慮のある言い方をしてほしかった。

あるある対応

お医者さんにたてつくのはよくない、と我慢。
特に反論・指摘はせずにやり過ごす。

私はこう対応してスッキリしました！

医師と患者の関係は対等であるべき「こういう言い方をしてほしかった」と素直に伝える

亡き夫ががんで闘っていた時のこと。夫の病状について私が主治医の先生に聞いたところ、「正直、来年の桜が見られるかどうか、分かりません」と言われました。

「それ、どういう意味ですか」「がんが進行して、来年の春までもたないかもしれないということです」

患者の家族としては大変ショックな宣告です。事実、そうなのかもしれない。まして医師の言葉となれば、なかなか反論しづらいという人が多いかもしれません。でも、私はどうしても先生の言い方が気になって、少しの沈黙の後にこう返しました。

「先生。今のおっしゃり方、桜を見られるか見られないかの〝**マイナス**〟**の方だけを私に伝えていますよね。**患者の家族にとっては、心が一層痛みます」

先生はハッとした顔で私を見つめ返しました。私は臆せず続けました。

「『でも僕はご主人が来年も桜が見られるように最善を尽くしますから、奥さんも一緒に頑張っていきましょう』とおっしゃってくだされば、私も前向きに受け止められるんです。**先生の言い方一つで、患者とその家族は力をもらえるものなんですよ**」

先生は慌てて私に頭を下げました。「すみません。僕がまだ未熟者でして」。私も頭を下げ、「**先生を信頼していますので、自分の気持ちをそのまま伝えさせていただきました。**ご了承くださいね」と伝えました。以来、私たちは医師と患者、その家族というパートナーシップを強固なものにして、最後まで一緒に闘うことができました。

相手がお医者さんとなると、急に言いたいことが言えなくなったり、聞きたいことが聞けなくなったりする人は多いようです。医師に限らず、弁護士や税理士といった〝先生〟と呼ばれる立場の相手には、つい遠慮してしまうのですよね。

でも！　よく考えてみたら、**「患者より医師がえらい」なんて誰が決めたことでしょうか？**　医師は専門家として知識や技術を提供し、患者は必要な努力をする。その**関係性は対等**なはずです。**人と人は学び合って成長していくもの。ですから、言うべきことは遠慮せずにハッキリ言う。**それでいいのだと思います。

くだんの先生も私の考えを瞬時に理解してくださったようで、後から「僕自身も大変学ばせていただきました。医師人生の中で河村ご夫妻は最も印象に残った患者さんです」とおっしゃってくださいました。

これは深刻な場面に限らず、日常の医療においても同じこと。私は自分が病院にかかる時には、**いつもメモ帳とペンを持って診察室に入ります。**あらかじめ聞きたいことをリストアップして、診察時間の間に解決したいからです。待合「私、忘れっぽいので、先生に聞きたいことをメモに書いてきたんです。

室も混んでいるし、先生もお忙しいでしょうから。いいですか？　一つひとつ聞かせてくださいね」

　これで嫌な顔をされたことはありません。むしろ先生もキビキビと対応しやすい様子です。せっかく健康になるために病院通いをしているのに、診察室でストレスを溜めたら本末転倒！　診察室へのメモ持ち込み、オススメします。

公共の場でのモヤモヤ その❸

電車の中で子どもが「座りたいよ〜!」

こんな時どうする?

電車やバスの中で…

電車やバスといった公共の乗り物に乗っていると、時々見かける風景。
ほどほどに混み合って席が埋まっている車内で、
小さな子どもが「ママー、疲れた。座りたいよぉ！」
と駄々をこねています。
お母さんは周りを気にしている様子で困り顔。
さぁ、あなたならどうする？

あるある対応

誰かが席を譲ってくれるのを待つ。
あるいは、「静かにしなさい！」と子どもを叱りつける。

公共の場でのモヤモヤ　その3

私はこう対応してスッキリしました！

「子どもは立つと元気に育つのよ」誰のために席があるのかを説明する

公共の乗り物を利用する時、体調不良やケガなど、特別な理由がない限りは、若くて元気な人は高齢者や妊婦さんのために席を譲るものというのが私の考えです。

自分の娘に関しても、さすがに赤ちゃんの頃には座らせていましたが、3歳くらいになると「席に座らなくてもいいわよね」と立たせていました。

「お母さん、どうして座っちゃいけないの？　私、座りたい」と娘が聞いてきたことがありました。私はゆっくり、娘の目を見て言いました。

「あのね、アキちゃん。アキちゃんはとっても元気で丈夫でしょう？　元気な子どもは立っているほうが強く育つのよ。どう？　アキちゃんは立っていても平気でしょう？」

娘は黙ってうなずきました。

「でもね、おばあちゃんやおじいちゃんは、足や腰が弱っているから、揺れる乗り物に乗るだけで体が痛いのよ。だから、お年寄りのために席は空けておきましょうね」

この話をして以来、娘が自分から「座りたい」と言うことはなくなりました。**私が娘に伝えたかったのは、単なるマナーだけではありません。自分とは違う立場の人を思いやる心、豊かな想像力を備えた大人に育ってほしいという願いを込めて、話をしたのでした。**

それに、「つらい」「疲れる」とマイナスに考えがちな「電車やバスで立つ」という行動も、考え方によっては**「体を丈夫にする」とプラスに転換できる**じゃない？　そんなメッセージも加えたつもりです。

公共の乗り物でよくあるモヤモヤ場面をもう一つ。

席に座っていたら、初老の方が乗ってきて目の前に立った。お年寄りというには若いけれど、自分よりは明らかにシニア。席を譲るべきかしら、かえって失礼かしら……。

こういう場面に出くわす度、思い出すのは、私の父から聞いた体験談です。江戸っ子で俳句を生業にしていた父は普段の会話もちょっと粋なところがありました。父が70代くらいだった頃のある日、電車に乗って立っていると、目の前に座っていたご婦人がさっと立って席を譲られたそうです。

まだまだ元気ピンピンだった父は意外に思ったらしく、「やあ、代わってくださるんですか。僕は若いつもりでおりました」と言ったそうです。

するとそのご婦人、すかさず笑顔でこうお返しになったそう。

「ええ、私もそう思っておりました。でも、1歳くらいは私の方が年若かと思いまして、代わらせていただきました」

これには父も「負けた！」という思いで、「では、ありがとうございます」と素直に席に座ったそうです。

押しつけがましくなく、遠慮し過ぎることもなく。
ちょっとした言葉の彩りで、お互いに気持ちのいい譲り合いはできるものなのですね。

公共の場でのモヤモヤ その4

こんな時どうする？

家の前の道路工事

この時間に工事？　困っちゃう…

「工事のお知らせ」？
まぁ孫たちのお昼寝の時間だわ！
ドガガーン！
仕方ないわがまんするしかないもの
うう～～ん
結局生活リズムが崩れて一日中グズグズ
うえーんぎゃーー
…だけど決まったことだしねえ……
もや～ん

ある日、家のポストに入った「道路工事」のお知らせ。
家の目の前の道路が、工事予定とのこと。
時間帯を見ると、よりによって孫のお昼寝タイム。
孫はきっと寝つけず不機嫌になり、
その日は夜まで生活リズムが乱れそう……。

あるある対応

「決められたことだから仕方ない」と諦めて我慢する。

私はこう対応してスッキリしました！

工事会社に時間帯調整を直接交渉 事後に御礼もしっかり伝える

「あ～あ、この日は犠牲になるしかないかぁ」

私がいつものようにご機嫌で家に帰ると、娘が浮かない顔でため息をついています。

1歳になったばかりの双子を育てている娘が手にしていたのは、郵便受けに入っていた「道路工事のお知らせ」。「近隣の皆様にご迷惑をおかけします」という挨拶文に続いて、うちの家のすぐ前の道路を工事する予定があること、さらに予定されている日時が書かれていました。見れば工事は1日で完了するようですが、その時間帯は午後1時からと書かれています。

「あら、この時間帯はちょっと困っちゃうわね」

「そうなの。ちょうど子どもたちのお昼寝の時間と重なりそうでしょ。いつもと違う音がすると寝ないだろうなぁ〜。寝ないと機嫌が悪くなって、夜までグズグズよね、きっと。でも、仕方ないわよねぇ」

子育て中の母親にとって、子どもの生活リズムが崩れた時のダメージがどれほど大きいかはよく分かります。「聞いてみましょうよ」と私は言いました。娘はキョトンとしています。「え？ 何を？ 誰に？」。

決まってるじゃない！ とばかりに私はチラシに書かれている番号に電話をかけてみました。出たのは、工事会社の担当者です。

「あの、突然ごめんなさい。今度工事をされる予定の道路のすぐ目の前の家に住んでいる者なんですけれど、実はうちに小さな子どもがおりまして……」。事情を手短に伝えた後、こうお願いしてみました。「可能だったらで結構です。午後2時から4時までの間に大きな音が出る作業を避けていただくことはできますか？」。電話口の方は「分かりました。上司に相談してみます」と言って、

1時間も経たないうちに電話をかけてきてくださいました。

「調整ができました。騒音が出る作業は午前で済ませるようにしますので、ご安心ください」

一部始終を隣で聞いていた娘はビックリしています。「お願いしてみるもんだねぇー！」。それはそうです。**すでに決まったようなことでも、交渉の余地が残されている可能性は充分にありますし、無理を通そうとさえしなければ、相手だって嫌な気持ちにはならないはず。**

おかげさまで工事当日も双子はすやすやと寝つき、娘はホッとしたそうです。双子が目覚めてキャッキャと遊び始めた頃には、工事会社の方がわざわざ玄関まで訪ねて来られ、「お子様は大丈夫でしたか」と確認までされたとか。

この話を私は当日の晩に聞き、翌朝にもう一度、電話をかけました。電話した先は、工事会社の上司の方です。

「お宅の○○さんはこんなに素晴らしい対応をしてくださって、本当に有り難かったです。またいつでも工事にいらしてくださいね！」なんて。

「我慢しなきゃ」と諦めて終わりにしていたら、嫌な気持ちしか残らなかった

と思いますが、こうやって解決して感謝まで伝えることができたら、皆がハッピーになれます。

自分から働きかけることでなくせるストレスって、案外たくさんあるのかもしれませんね。

公共の場でのモヤモヤ その5

ゴミ収集日に大量のオムツ！

こんな時どうする？

仕事なんだから、やってトーゼン？

双子の孫を育てていると、ゴミとして出すオムツも大量に。
ゴミ収集日に家の前に出しながら、
「運んでくださる方に申し訳ない」と思ってしまうほど。

あるある対応

ただ、増え続けるオムツのゴミをせっせと出すだけで、
特に何もしない。

私はこう対応してスッキリしました！

ゴミ袋に〝貼り紙レター〟でメッセージ「いつもありがとうございます！」

双子の孫と娘夫婦と一緒に暮らすわが家のゴミ事情は、とにかくオムツが大量！

私が住んでいる地域では、オムツは他のゴミと別にしてまとめれば無料で収集してくれるのですが、週に2回のゴミ収集日には、大きなポリ袋2つ分のオムツを家の外に出すことに。双子だからオムツの量も倍なのです。

オムツがゴミとして出るのは当然だから、特に気にすることもないのかもしれませんが、私はオムツ袋を運んでくださる方に感謝を伝えたいなぁと常々思っていました。

といっても、そんなに大袈裟なことはしたくありませんし、相手も困ってしまうはずです。そこで、ピン！　ナイスアイディアが浮かびました。

オムツを詰める袋の表に、〝手紙〟を貼ることにしたのです。白い紙にマジックで大きくハッキリと。

「双子なのでオムツも大量でごめんなさい。いつもありがとうございます！」

私たちの生活を支える仕事をしてくださっている方が、ちょっとでも気持ちよく働けたら嬉しい。さりげなく感謝を伝えられたら、素敵ではありませんか？

この行動の原点を振り返ってみると、私の母がいつもやっていたことに行き着きます。

私が子どもの頃はまだトイレが汲み取り式で、定期的に各家を回ってくださる汲み取り屋さんにトイレの清掃をしていただくのが一般的でした。

正直、清掃中は匂いもしますし、幼かった私は「汲み取り屋さんが来るの、なんか嫌だな」と思っていたのですが、母はいつも笑顔で迎えてお茶を出し、「休んでいってくださいね」と労っていました。

縁側でお茶を飲むおじさんが、庭の柿の木を見上げて「立派な実がなっていますねぇ」と口にすれば、「どうぞどうぞ。持って帰ってくださいね」と母は勧めます。柿が大好物だった私は、気が気ではありません。汲み取り屋さんが帰った後に「なんであげちゃったの？」と母を責めましたが、母は私を諭しました。

「みやこ、あの方々が仕事をしてくださらなかったら、私たちの生活は成り立たないのよ。いつも感謝の気持ちを伝えないといけませんよ」

その言葉は、大人になってからもずっと私の胸に残っています。

〝当たり前〟に感じている生活の隅々に、誰かの仕事が隠れている。そんな目線の向け方は、いつまでも大事にしたいものです。

感謝の気持ちが伝えられて、心もオムツも軽く……
ならないわオムツは重いわ…
ふー…
いつもありがとうございます

Chapter 2

―公共の場でのモヤモヤ―

この章でのスッキリ対応のポイント、まとめ

Point 1

「決められたことだから」と諦めない

例えば、工事の日程など「もう決められたことだから変えようがない」と思い込みがちですが、本当に困る事情があれば交渉をトライしてみたほうがいいと思います。

ただし、交渉の際、「絶対に〇日に変更してもらわないと困る！」と一方的に主張だけするのはただのワガママ。きちんと事情を説明した上で、「この時間帯だけ避けてもらうことはできますか？」と、相手が無理なく考えられそうな条件を提示していくほうが話が進みやすくなります。

そして、実際に交渉が成立した時には、ビッグスマイルで感謝も忘れずに！

Point 2

言いにくいことは、自虐のワンクッション言葉で伝えやすく

医師や教師など「先生」と呼ばれる人に対しては、つい遠慮して接してしまいがち。

でも、医療など専門知識を備えている相手からは、できるだけ正確な情報を聞きたいですし、疑問点は早めに解決したいですよね。

もしも「言いづらいな」とモジモジしてしまう時に便利なのが、〝自虐〟のワンクッション言葉。

「私、理解力が乏しくて、もう1回聞いてもいいですか?」「忘れっぽいから、メモに書き留めさせてもらいますね」

自分を落としてから言いたいことを伝えると、相手のプライドも傷つけません。このテクニックは、どんな相手との会話でも応用できます。

Chapter 3

ご近所づきあいのモヤモヤ

こんな時どうする？

猫の餌やりおじさん

言いにくいことは貼り紙で伝える？

家の近くを歩いていたら、ふと目に入った光景。
「あ！　あの猫は……」。
近頃、庭の隅に見つける粗相の犯人に間違いありません。
しかも、あろうことか、近所のおじさんが
餌をあげているではありませんか。
野良猫に餌をやらないよう伝えなければ！

あるある対応

おじさんが立ち去った後に、
「野良猫に餌をあげないでください」と貼り紙する。

私はこう対応してスッキリしました！

解決の糸口は対話から話せば、相手の事情も見えてくる

ある朝、私の小さな庭に発見した黒いもの。それは紛れもなく、猫の糞でした。

注意深く庭を観察していると、時々、野良猫が散歩にやってきては糞をしている様子。気づいた時にはパッと外に出て「シッシッ」と追い出していましたが、どうしたものかと困っていました。

そしてある日、私は見てしまったのです。〝犯人〟である猫に餌をあげているおじさんの姿を。そのおじさんは近くのアパートの住人。一人で暮らしてい

るようでしたが、まだきちんとご挨拶をしたことはない間柄でした。

私は「今こそ！」という思いで勇気を出し、ツカツカとおじさんに近寄ってハッキリ言ったのです。

「すみません。野良猫に餌をあげないでください」

するとおじさんはすぐに顔を上げ、「お宅、あそこの家に住んでいる河村さんでしょ」。意外にも私の名前を認識していたのです（そんなに目立つかしら？）。きっと、私が猫を追い出したりする様子を感じ取っていたのでしょう。

「お宅のお庭にこの子が入ってご迷惑をお掛けしているのは十分に承知しています」

あら……そうだったの。おじさんに歩み寄られ、私もついリップサービスで「猫がお好きなんですか？」と返してしまいました。

すると、「そうなんですよ」とおじさん。「いやぁ、やっぱり一人暮らしで誰も話し相手がいないとね、猫との触れ合いが生きがいなんですよ。猫が懐いてくれる時が、唯一幸せを感じる時間なんでね」

すっかりツノが引っ込んでしまった私は、「そうですよね。寂しい時に、猫もいいものですよね」なんて言葉がすらすらと。内心、「おじさんも一人暮らしで大変なんだな」と、〝猫の餌やり〟という行動の裏にある背景に想像を巡らせながら。

以後、おじさんと私は会えば「こんにちは、元気にしています？」と挨拶をする間柄に。おじさんも気を遣ってくださっているようで、「猫はまた入ってきていませんか？　もし入ってきたら遠慮なく追い出してくださいね」と言ってくれるようになりました。

この話をすると、「都さん、よくおじさんに直接話しかけましたね！　怖くなかったですか？」と驚かれます。

たしかに、苦情を伝えるのは勇気が要ることですし、多くの人は「野良猫に餌をあげないでください」の張り紙1枚で解決しようとすることなのかもしれません。

でも、一方的な張り紙からは何も前向きなコミュニケーションは生まれません。

話しかけることで、相手の事情を知るきっかけになったり、関係性がより良くなるステップにつながる。何より、笑顔で挨拶できるご近所さんが一人増えるのは、心地いいものです。

おじさんの人柄に助けられた面もありますが、**「勇気を出して一言」がお互いの生活背景を知る会話を生み、同じ地域に暮らす者同士の配慮を育てる**のだなと実感できた出来事でした。

ご近所づきあいのモヤモヤ その❷

こんな時どうする？

ご近所さんの騒音トラブル

いさかいがあった後は…

音が気になるので
ピアノは夜8時までにしてくださる？
娘に伝えますー
ある日の7時「静かに〜」と怒った夫に…
8時までって言ったのはそっちでしょ!?
向いの家の娘恐いな
ホントねー
逆恨みもイヤだし放っておきましょ!!
もや〜ん

ご近所の娘さんは音楽好き。
夜間のルールを取り決めたものの、
ちょっとした誤解で相手が激怒する大騒ぎに。
その数日後、当の本人をたまたま近くで見かけたけれど……。

✕

あるある対応

触らぬ神に祟りなし、で声をかけず、通り過ぎる。
その後も、できるだけ接触を避ける。

私はこう対応してスッキリしました！

「この間はごめんなさいね」全部折れる覚悟で、相手の心をじんわり溶かす

昔のことですが私が山手線圏内に住んでいた時のこと。我が家の真向かいに住んでいるご一家にジャズピアノを勉強している娘さんがいました。

昼間は夫も私も仕事で出掛けていたので何も気になりませんでしたが、帰宅後に夕食を終えてくつろいでいると、ジャズピアノの音が響くように聞こえてきます。

睡眠だけはきちんと取りたいと思っていたので、そのお宅のご夫妻に率直に伝え、ピアノを弾くのは夜の8時まで、というルールを交わしていました。

もちろん、もっと早くから静かに過ごせる方がいいに決まっていますが、「娘さんはジャズピアノのプロを目指していると聞いたので仕方ない」と私たちは応援する気持ちもありました。当のご本人、ヒロコさんもルールをきちんと守ってくださって、8時を過ぎるとピタっとピアノが止むのが毎晩のお決まりになっていました。

ところが……！　ある晩、突如、平穏が破られたのです。

その日の夜は夫が海外出張から戻り、「疲れた！　もう寝るね」といつもよりかなり早めに自分の寝室へ。その5分か10分後、ものすごい剣幕の怒鳴り声が我が家の玄関先から聞こえてきました。

ビックリして玄関を開けると、怒鳴り声の主は真向かいの家のヒロコさん。興奮状態で怒っています。

「お宅が8時までと言ったのにまだ7時じゃないですか！『静かにしろ！』なんて言うのはお宅がルール違反でしょ！」

ご近所に聞こえるくらいの大声。どうやらこういうことだったようです。

夫が寝室に入ったのは夜の7時前。直ぐに安眠したい夫は真向いの窓に向かって「静かに〜！！」と怒鳴ってしまった。それがヒロコさんをカチンとさせてしまったようです。

状況を察した私はすかさずこう言いました。「ごめんなさいね。約束の8時前なのにこちらが怒鳴ったりして。今日は夫がとても疲れて早く休みたかっただけなの。どうぞ続けて練習をなさってね」

彼女は一瞬驚いた表情をしましたが、私の話に耳を傾けてくれました。その後、その家のご主人も駆けつけてくださり、その場は収まりました。

その数日後のことです。玄関を掃除していたら、向いのヒロコさんの後姿が目に入りました。

「ヒロコさん！」思い切って私は彼女を呼び止めました。振り返った彼女に「この間は本当にごめんなさいね。あなた、ジャズを勉強されているのよね。私の夫があんな言い方をして気分悪かったでしょう？」。

とにかく「全部こちらが謝る」と決めたのです。ヒロコさんと面と向かって話をするのは初めてでした。でも、「今を逃すと二度と修復のチャンスはない」と思ったのです。内心、ちょっとした「賭け」でもありました。

するると彼女は少し照れながらも笑顔でこう返してくれたのです。「いいえ、こちらこそ玄関にまで押しかけ申し訳ありませんでした」

ホッとした私は満面のにっこり！

「もうお互いに思うことがあったらストレートに言い合いましょうね。私も言うからあなたも言ってね！」

「そうですね。こちらこそよろしくお願いします」

雨降って地固まる、とはこのこと。その後は、ヒロコさんとも道でばったり会うと笑顔で挨拶をしあう関係になりました。

ご近所づきあいのモヤモヤ その❸

こんな時どうする？

噂話や愚痴だらけのランチ会

女3人集まれば…

ご近所の奥さんに誘われてランチ会に参加。
楽しく食事ができればと思ったのに、
話題はいつの間にか噂話や愚痴に……。
ああ、この場から抜け出したい！

あるある対応

とりあえずその場の空気を読んで、
「そうよね」と話を合わせる。

私はこう対応してスッキリしました！

噂話や愚痴には同調せずに、話題をチェンジ！ご近所づきあいは〝あっさり、さっぱり〟で

引っ越さない限りは続くご近所づきあい。昔に比べたら希薄になったと言われますが、特に子どもが小さいうちは〝ママ友〟同士のお付き合いも大切にしたいですよね。

私も子育て中は積極的にご近所づきあいを楽しんでいました。

ただし。

絶対に守り抜いてきたのは、「**適度な距離感を保つこと**」。

人が3人以上集まると、なぜでしょう、その場にいない人の噂話や悪口を言

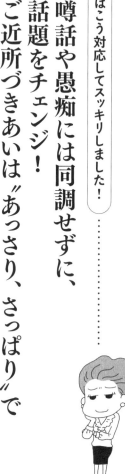

い始める人がいるんですよね。

そういう時、つい〝空気を読んで〟「あなたの言う通りね」「ひどいわね」なんて**同調すると、噂話の渦にどんどん巻き込まれてしまいます。**「やっぱりあなたもそう思うの？」なんて味方認定されたら、本人にどんなふうに伝わるか分かりません。

ですから、私はこういう場面では、**徹底して〝空気を読まず〟、無関心をアピールし続けています。**

「ふーん、そうなんだぁ」と否定も肯定もせずやり過ごすのです。**あえて笑顔も見せず、つまらなそうにするのがポイント。**

すると、噂話を盛り上げようとしていた人もトーンダウンするはずです。そこですかさず、新しい話題の提供をするのです。

「ねぇ、そういえば、駅前に新しいインテリアショップできたの知ってる？誰か行ってみた人いる？」

「子どもたちの卒園記念に何か面白いことを企画しない？」

そんな明るい話題を投げかけて、負の空気を吹き飛ばす。**せっかく人が集ま**

るなら楽しい話をしないと意味がない。私はそう思って行動するように心がけています。

それに、そもそもランチ会やお茶会といった付き合いに関しても、無理して参加するようなことはしません。

もちろん、一緒に過ごすことで前向きな気持ちになれる方となら大歓迎ですが、気が進まない時にはお断り。

お誘いを断る時には、サッパリと明るく！ を心がけて。

「ごっめーん！ お食事行きたいけれど、その日は用事が入っているの。どうぞ皆さんで楽しんできてくださいね」と笑顔で返すようにしています。

それが何度か続くと、相手ももう誘わなくなってきます。それが大人の距離の取り方かな、と私は思います。

相手から、「あら、残念。今回も難しいのね。お忙しそうねぇ」とちょっとトゲを感じる反応があるかもしれませんね。そんな時は、**明るく自虐調に「そうなのよ〜。貧乏暇なしって私のことよね！」**なんて返しちゃいます。

これなら、相手のプライドも傷つけず、私も無理して付き合わなくて済むし

で、ハッピーエンドではありませんか。

無理して相手に合わせない。でも、相手を否定することもしない。

適度な距離感を保つコミュニケーションの力を身につけると、どんどんラクになれるんですよ。

ご近所づきあいのモヤモヤ その4

ネットワーク商法に巻き込まれそう

こんな時どうする？

「お茶会」という名の勧誘の場で

近所のママ友から
「今度お茶会するの！　素敵な下着の試着もできるから来ない？」
というお誘いが。
明らかにネットワーク商法。
買わされるのは嫌だけれど、
子ども関係の付き合い上、断りにくい雰囲気……。

あるある対応

断ると関係にヒビが入りそうなので、気が進まないながらも参加。結局、欲しくもない下着を買う羽目に。

私はこう対応してスッキリしました！

普段から「誘われないキャラ」を確立 ママ友付き合いは、他の方法でフォローする

子どもが小さい頃は、お母さん同士のお付き合いも活発になりますね。子どもが通う幼稚園・保育園や小学校でのつながりだと思うと、そうおざなりにはできないと思います。でも、本当は苦手なことにまで無理して付き合うことはありません。

例えば、時々耳にするのが、「どこまで付き合っていいか分からない」というお悩み。「ママ友からの誘いに全部断らずに顔を出していたら、いつのまにかネットワーク商法に巻き込まれた」なんていうトラブルも実際にあるそうで

す。子どものためにという気持ちで参加しただけなのに、化粧品や下着、健康食品など、欲しくもない高価な商品を売りつけられてしまって、モヤモヤ……。これってとっても不健康！　だと私は思います。

一番ラクだと思うのは、**「誘われないキャラ」として周囲に理解してもらうこと**。私の場合がまさにそうでした。

いえ、何も無愛想を貫くというわけではありません。笑顔で会話を楽しむという普通の付き合いは喜んで。ただし、不必要にダラダラと立ち話をしたり、義理で贈り物をし合ったりということは避け、いい意味で「キッパリサッパリ！」のコミュニケーションを心がけてきたのです。

その結果、私にはその手のお誘いはほとんど来なくなりました。「今度、うちで化粧品のサンプル配布会をするんだけど……、そういうの、都さんは来ないわよね」と相手の方から察して下さる。ラクチンラクチン♪　でした。

そんな話をすると、スタッフのナオミさんが怪訝な顔をして聞いてきました。「そうは言っても河村さん、子ども同士の関係もあるのに、気にならなかったんですか？　自分だけ仲間外れにされて肝心な情報が入ってこなくなるんじゃないかとか」

いいえ、まったく。私はお茶会には参加しませんでしたが、**他の方法でしっかりフォロー**していましたから。

その方法とは、学校でのPTAなどの役割は率先して手を挙げて参加すること。**他のお母さん方が躊躇するようなちょっと面倒な役目も、あえて積極的に引き受ける**ようにしていました。あるいは、誰かが用事で参加できない話し合いがあると聞けば、「私が代わりに出席しておきましょうか?」と声をかけたこともあります。皆さんからとても喜ばれました。

私にとっては、そういった活動はまったく苦ではなく、むしろ娘が通う学校とつながりをつくることはメリットになると思っていたほど。それで、お母さん方の信頼を得られるのであれば一石二鳥。

つまり、**無理せず自分ができることで、役立てること、喜んでもらえることをやっていれば、十分に関係性は築けるもの**だと信じていました。そして、実際にそうだったと思います。ここぞという時にはちゃんと助け合える関係性が築けていたので、学校関係で困ることは起きませんでした。

逆に、表面的な社交には顔を出すのに、学校関係の面倒な役目は引き受けないほうが、私はカッコ悪いと思っていたくらい。

「どっちが素敵な姿かな？」といつも自分の心に聞いてから行動するようにしていました。

無理なくできるお役立ちで、お互いに心地よい関係を築けるといいですね。

Chapter 3

ご近所づきあいのモヤモヤ

この章でのスッキリ対応のポイント、まとめ

Point 1

地縁は簡単に切れない だから百歩譲る

ご近所同士の関係というのは、どちらかが引っ越さない限りはずーっと続くもの。仕事の関係であれば、何かトラブルが起きた時に「仕事を進めるためになんとか解決しよう」という気持ちがお互いに働きますが、ご近所づきあいの場合はそうなるとは限りません。

日々の生活を安心して続けるためには、多少のガマンは必要と割り切って〝百歩譲る〟姿勢が大事です。

「んん？」と首をかしげることが起きても、こちらから折れるくらいの気持ちでいるほうが、長い目で見てプラスになると思います。

Point 2

気まずい相手にこそ、笑顔で先手必勝！

何かお願い事をしないといけない相手が気難しそうな場合は、なかなか声をかける勇気が出ませんよね。

だからといってそのまま何も言わなければ、状況は変わりません。だったら早いほうがいい！　しかも、笑顔で先制が吉。笑顔にはカチカチに頑なになった相手の心を温めて溶かす魔法があります。ポジティブモードに相手も巻き込むことができたら大成功！

Point 3

ほどよい距離感をキープして、得意なことで地域貢献

なかなか切れない地縁だからこそ、ほどほどの距離感を保つことは大切。気の進まない集まりに誘われた時にはサッパリとお断りを。

ご近所の役に立てるようなことを他の方法で考えて実行していけばいいのです。「得意なことで地域貢献！」が良好なご近所づきあいのポイントです。

Column

2

オトナの友達付き合いはサッパリと!

「都さん、聞いて。お友達からね、こんなこと言われたのよぉ」

同世代の女性から悩み相談を受けながら、私はいつも首をかしげたくなります。

トモダチって何? どういう関係の相手をそう言うのかしら?

家族以外で趣味やおしゃべりを楽しめる相手のこと? 確かにそういう人なら私にも何人か思いつきますが、だからといってその言動に悩むほど深い関係ではありません。

ちょっとドライな言い方をしてしまうと、家族や仕事の上司は選べないけれど友達はいつでも自由に選べる。だから、自分が心地よい関係を築ける相手だけとサッパリ付き合えばいいんじゃないかしら? と思うのです。

「私とあなたは友達よね」とまるで同盟のように関係をとらえてしまうと、依存するので危険です。「私はこれだけやってあげたのに、あの人は何も」と不満が生まれて関係がこじれる原因にもなるのでは。

女子高生ならともかく、自立したオトナ同士ならば、ほどよい距離感を保つべし。「孤独を楽しもう」くらいのほうが、ずっと気楽! かえって同じような価値観の仲間に恵まれて、交友関係を無理なく楽しめるのです。

Chapter 4

家族間のモヤモヤ

家族間のモヤモヤ その1

夫が家事をやらない

こんな時どうする？

職場で仕事、家でも仕事

結婚生活数十年。人並みに夫婦円満。
でも、年々募る不満はある。
それは……夫が家事を手伝わないこと。
疲れて帰ってきた日くらい、夕ご飯を作ってくれたらなぁ！

あるある対応

「今さら頼んでもやってくれるはずがない」と諦める。
負担は減らず、不満は増すばかりに。

私はこう対応してスッキリしました！

褒めて！　褒めて！　育てる　帰宅してすぐの「○○やって」は禁物

夫の家事協力は、夫婦の永遠のテーマですね。最近は、共働きの家庭も増えてきたので、「夫が家事を手伝ってくれない」と不満を募らせる女性の声は大きくなっているように思います。

私の場合は、料理が得意な夫のおかげで、とても助かりました。お互いの得意・不得意を補い合って、私が主に片付け・掃除担当、夫が主に料理担当で毎日の家事を回し、お互いに仕事にも打ち込んでいました。

と話をすると、決まって「いいわねぇ！　料理上手のご主人に恵まれて」なんて言われるのですが、いえいえ、最初からそうだったわけでは決してありません。**私がせっせと〝育てる〟ことで、夫の料理の腕は磨かれていったのです。肝心なのは最初です。**どんなに頑なに料理をしない夫でも、妻が風邪で寝込んだ日に、レトルトのおかゆを温めるくらいのことはできるでしょう。レトルトなので、誰が作っても同じ味に決まっています。それでも褒めるのです。

「なんだかやけに美味しいわぁ！　あなたの温め方がよかったんじゃない？」

なんてネ。


男の人はいくつになっても女性に褒められると嬉しいもの。大袈裟なくらいがちょうどいいのです。夫の家事力アップのためには、私はいくらでも女優になりました。

「おかわりしたいくらい美味しい！」「また作ってくれないかなぁ」「わが家のシェフが町一番！」……褒め言葉のボキャブラリーを増やすほどに、夫の料理の腕は上がるはずです。徐々に作れる献立の種類も増えていくでしょう。

中には口に合わないものもありましたが、夫には見えないようにこっそり残していた私。でも、夫にはお見通しで、ある日、「いつもそれを作ると残すよね。嫌いなんでしょ？」と言い当てられてドキッ！　以来、ちょっと塩加減を調整してくれるようになりました。

失敗から学んだこともありました。「夫が帰ってきたら、あれとこれをやってほしいな」と頭の中でリストアップしてスタンバイ。「ただいま〜」の帰宅と共に、「おかえりなさい！　ねぇ、お願いがあるのよ。あれとこれと……」と一方的に言って夫を不機嫌にさせてしまったり。仕事の疲れをビールで流したい夫にいきなりいろいろ言っても、受け入れられるわけがないのです。

帰ってくるや、持ち物や衣類をあちこちに散らかす夫にイライラ！　というのもありがちではないでしょうか。私は「帰宅直後の夫は子どもと同じだと思いましょう」といつも伝えています。5歳児だと思えば、可愛く見えてきませんか？

ゆっくり食事をして空腹を満たした後であれば、お願い事を聞き入れられる成功確率はぐっと上がります。タイミングが大事ですね。

夫亡き後、私が〝女優力〟を発揮しているのは、同居している娘婿です。彼の場合は本当に素質があるのですが、仕事が休みの日にキッチンに立つことが

あると、私もウキウキ。「このパスタ、最高に美味しいわね～。なんて絶妙なアルデンテ！」。隣に座っている娘は「お母さんのおかげで、彼もすっかりイタリアンシェフね」と笑っています。

家族間のモヤモヤ その2

こんな時どうする？

気になる夫のクセ

なくても癖あって四十八癖

夫のクセ気になるわぁ
常に体をゆらしている
でも言いにくいし私がガマンすればいいのだから……
……いつまで？
ドカーン
これから先ずーっと!!
ううっ
もや〜ん

夫がＴＶを見ながらソファに座る時、
いつも体をゆらしていることに気づいて以来、
気になって気になって……。
夫の実家に行くと、義父母も親戚も皆やってた！
子どもの頃から染み付いたクセだったのねと納得。
さて、どう直させようか!?

あるある対応

「そのクセ、みっともないわ」と指摘して、夫の機嫌を損ねる。
さらに「あなたの家族って皆そうなのよね」と言って、
夫はさらに不機嫌に。

私はこう対応してスッキリしました！

指摘は明るくサラリと、タイミング重視！「私もこういうクセがあってね」と添えて

「夫のクセがどうしても気になるの」と知人が不満そうな顔で言いました。聞けば、結婚以来、ご主人がソファに座っている時の体をゆらすクセが目について仕方ないのだそう。ずっと言い出せないままでしたが、ある時、ご主人のご両親や親戚も皆同じクセがあることにも気づいたとのこと。「でも、これからずっと食事のたびにモヤモヤし続けないといけないなんて嫌！」と嘆いていました。

私だったらどうするかなぁ〜？　と考えました。答えは一つ。意を決して、

本人に伝えます。

でも、言い方がとっても重要。間違っても「ねぇ、ずーっと気になっていたんだけどさ」なんて余計な枕詞をつけてはいけません。

相手のマイナスポイントを指摘するときには、〝まず自分を落とす〟ワンステップを入れるとうまくいきます。

「あのね、私この間、お友達に『あなた、話している時によく〝私なんか〟って言うわね。ちょっと気になるわ』って言われたの。ちょっと意外だったんだけど、確かにそうかもしれないのよね」

それから、こう切り出すのです。

「自分では気づかないクセを教えてもらうって、ありがたいなと思ったの。だから、あなたにも言うんだけどね……」

この流れであれば、だいぶ受け入れやすいと思いませんか?

さらに「私も変なクセがあったら教えてね！」と付け加えたらなおよしですね。

そして、**夫の家族のことまで悪くいうのはＮＧ。**自分の肉親を否定されると誰でもムッとするはずですし、そこは夫だけでは変えようがないので言っても仕方がありません。親しき仲にも礼儀あり。

そして、切り出すタイミングも重要です。112ページでお伝えしたように、相手が余裕がない時に追い詰めるようなことを言うと、まったく聞く耳を持ってくれません。

美味しい食事をいただいた。楽しい会話が弾んだ。テレビ番組を観て一緒に笑った。そんな〝満足〟を共有した後に、切り出すとうまくいきやすいと思います。

そして、気になることはなんでも指摘すればいいというものでもなく、単に自分が気になる程度のことであれば受け入れる姿勢も持つべきですね。きっとそれは〝お互い様〟のはずですから。

「これは直しておかないと、外で恥をかくことになるな」という点だけ指摘するようにすれば、これは家族だからできる愛情になるでしょう。

ちなみに、先ほどの例に出した「会話中に〝私なんか〟を頻発する」というクセは、私自身が娘から指摘されたもの。

「お母さん、ちょっと言わせてもらうけど、時々〝私なんか〟っていう言葉を

使うよね。少し自己主張が強く聞こえて気になっちゃうんだー。気をつけたほうがいいよ！」と。

会話の合間に本当にサラリと、嫌味なく教えてくれたので、私も素直に聞くことができました。

娘が「いつも〝私なんか〟」ではなく「時々〝私なんか〟」と言い、「すごく自己主張が」ではなく「少し自己主張が」と言葉を和らげていたこともポイントだったかもしれません。

お互い学び合える家族になれたら、素敵だと思いませんか？

家族間のモヤモヤ その❸

こんな時どうする？

外食のお代、誰が出す？

年に2回の大きな支出

遠方にある実家へ、毎年、盆と正月に里帰り。
交通費だけでもバカにならないのに、
外食代もこちらが出すことに。
「ごちそうさま」の笑顔は嬉しいけれど、財布がイタイ……。

あるある対応

無理をして負担を続けて、お愛想貧乏に。
いざという時に駆けつけられるお金の余裕もなくなってしまう。

私はこう対応してスッキリしました！

家族間だからこそ、明朗会計で！「うちはこれだけ出せます」と先に伝える

40代の女性Aさんから聞いた話。地方出身の彼女は、年に2回、お盆とお正月に、家族と一緒に帰省しているとのこと（ご主人も近隣県のご出身だそう）。そこでここ数年、モヤモヤがたまっているのが、両親やきょうだい家族と集まっての食事会での〝お代〟の負担のことなのだとか。

共に長男・長女であるAさん夫妻は、「自分たちは現役世代だから」という気持ちから、食事代を含め滞在中のすべての費用を出しています。しかし、本音は「交通費だけでも年に数十万円かかるのに……財布がイタイ！」。

かと言って、「いつもありがとう。ごちそうさま」と言ってくれる両親をがっかりさせたくないからと、ついつい無理をしてしまうのだとか。「先々、両親が急に倒れたりした時のために帰省する緊急予算も残しておいたほうがいいのかも。でも、どう言い出したらいいのやら」とモヤモヤしているAさん。

話を聞いて、私が伝えたアドバイスは「自分たちが無理なくできることを先に伝えるのが一番！」。

帰省の時期が近づき、両親やきょうだいと予定を話す機会ができたら、「今度の食事会、うちは○万円出すからね」と先に伝えてしまうのです。

家族間というのは「察してくれるはず」「言わなくても分かってほしい」という期待が過剰に働きがちで、親しいからこそのすれ違いが生まれやすいもの。だから、**皆が一堂に会している場で、ハッキリと事情を伝えたほうがいい**と思います。

「これから皆、歳をとってきて突然何があるか分からないから、緊急で帰省するための費用も準備していきたいからよろしくね」

“こうあるべき”という見えないルールにとらわれず、率直に話していくこと

が大切です。

この「家族間のお金のモヤモヤ」は、〝孫ブルー〟に悩む祖父母世代からもよく聞きます。孫ブルーとは、拙著『子や孫にしばられない生き方』で詳しく紹介した私の造語で、「孫はかわいいけれど、世話をし過ぎてブルーになる」というモヤモヤを示した言葉。その孫ブルーの代表的な悩みの一つが、経済的負担なのです。

例えば、週に2日、共働きで忙しい娘夫婦に代わって保育園まで孫のお迎えを手伝っているというBさん。もう70代半ばで体力がなく、「正直、疲れちゃうのよ」と漏らしていました。

膝を悪くして歩くのもつらい時期には毎回のようにタクシーを使っていたことも。1回のタクシー代は1000円程度ですが、それも回数が続くとかなりの負担になっていきます。領収書は全部取ってあるという点に、Bさんの不満が現れています。「それ、請求するのは全然悪いことじゃないわ。ハッキリ伝えてみたら？」と勧めてみました。

すると後日、Bさんは晴れ晴れとした顔で話しに来てくれました。

「都さん、やっぱり伝えてみてよかったわ。娘が『そうだったの。ごめんね、全然気づいていなかった。タクシー代はもちろん払うし、少しプラスして渡すからお茶代の足しにでもして』と言ってくれたのよ」

よかったよかった！　すっかりモヤモヤが晴れたBさんは、前向きな気持ちで孫育てを応援できるようになったそうです。

「お金を気にしているなんて思われたくない」と隠し続けると無理が重なるだけ。**〝言いにくいことこそ早めにオープンにする〟**を私自身も心がけています。

家族間のモヤモヤ その4

こんな時どうする？

親戚一家がやってくる！

事前の相談なしに予定を入れる夫

え!? 親戚を家に泊めることにした!?
ああ
親戚に頼られるオレすごい
わー 顔に書いてある～
掃除 食事 布団 め…めんどう
おい 顔に書いてあるぞ!!
もや～ん

「来週末、秋田から妹一家が上京してうちに泊まりにきたいって。いいだろう?」。

え! 来週?

懐いている姪っ子たちがやってくるのが嬉しそうな夫。

食事は? 布団は? 準備するのは私なのよ~。

あるある対応

「そんなに急に勝手に決めちゃって……。準備が大変じゃない!」と夫を責める。

私はこう対応してスッキリしました！

現実的な準備の問題を言う前に「来てくれて嬉しい」と歓迎の気持ちを一言

お次は、50代のCさんの話。仕事が立て込み忙しくしていた時期のある朝、ご主人がおっしゃったそうです。

「来週末さ、妹たちが一家で東京に遊びに来るんだって。『兄さんの家に泊まってもいい？』って聞かれたから、大丈夫だって答えておいたよ」

えーー！　とCさんは仰天。思わず、朝食を作っていた手を止めて振り返ったそう。

「え？　何曜日の何時から？？　何人来るの？　ご飯はうちで食べるの？」と

一気に質問攻め。それはそうです。主婦として気になるのは、いつまでに掃除を終わらせて、迎える準備を整えないといけないのか。そして、何人分の食事を、いつ、何食用意しないといけないのか。キビキビと仕事ができるCさんは、段取りをスムーズに進めるための「やらなければいけないリスト」がすぐさま頭の中に浮かんだのでしょう。

しかしながら、ご主人の反応は芳しくなかったようです。「普段は穏やかな夫があからさまにムッとして、ずっと不機嫌が続いているんです」と戸惑い気味のCさん。

話を聞きながら、私は「ああ、惜しい！」と思いました。**現実的な準備を整える役目のCさんが色々と質問したくなるのはごもっとも。でも、その前に一言だけ加えていれば、ご主人の機嫌は悪くならなかったはず**です。

「まあ、うちに揃って来てくれるの。あなたって本当に妹さんからも姪っ子ちゃんたちからも好かれているのね～」

ご主人が嬉しく感じた気持ちを一言代弁するだけで、ご主人の気持ちはホカホカに。それから必要事項をパパッと聞くという順番がベターですね。

「でもね、私も忙しくしている時期だから、食事は本当に簡単なものでいい？あと、もし布団のレンタルが必要なら、その手配はあなたに任せていいかしら？」

この言い方なら、ご主人も嫌とは言わないでしょう。話を聞き終えた後に、私はCさんに言いました。『泊まりたい』と義理の妹さんが思うほど、Cさん信頼されているということよね」

私も似たような出来事がつい最近ありました。同居している娘の元上司のDさんがうちにいらっしゃることになったのです。双子の世話で手が離せない娘に頼まれ、私が食事をお出しすることになりました。「あら～、元上司の家庭訪問なのですね。私だったら憂鬱ですぅ～」とスタッフのナオミさん。

たしかに、考えようによっては面倒ごとかもしれませんね。でも、安定した家庭環境を元上司の方に伝えることは、きっと娘夫婦にとってのプラスになるはず。私はここぞとばかりに張り切りました！

お料理は苦手なので手作りは簡単なサラダとお吸い物程度にして、メインは出前のお寿司に。「ごめんなさいね、店屋物で。Dさんがいらしてくださると

聞いて、なんだか舞い上がっちゃって。お会いできて、私、最高に幸せな気分です！」と大歓迎。Dさんもニッコリ。さらに、「Dさん、部下の教育ってどんなふうになさっているんですか？」なんて質問をして、気持ちよく喋っていただきました。

お帰り際には、玄関で「今度は是非、娘も娘婿もいない時でも、遊びにいらしてくださいね！　またゆっくりお話ししたいので」とお見送り。元上司の方はもちろん、娘夫婦も喜んでくれました。

Chapter 4

家族間のモヤモヤ

この章でのスッキリ対応のポイント、まとめ

Point 1

マイナスの指摘は、タイミングを見極めて

家族に対して気になってしょうがない不満は誰もが抱えていると思います。つい勢いで注意して失敗……！とならないように、心がけたいのがタイミングです。

相手が疲れている時や余裕がなさそうな時は避けるべし。一つ屋根の下で暮らし、毎日顔を合わせているからこそ、気長にタイミングを待って。食後などリラックスしている時間が狙い目です。

Point 2

家族だからこそ踏み込み過ぎない

家族だからといって何でも土足で踏み込んでいいわけはありません。例えば、相

手の実家の家族、親類のことなど、本人が変えようがない環境に関して、とやかく言ってもどうしようもないのです。

普段の会話から「これに関してはそっとしておいたほうがよさそう」と感じるポイントを見つけたら、相手が言い出さない限りは触れないほうがいいと思います。なんでも知ろうとすることが愛情ではないのですから。

Point 3

お金のルールはうやむやにしない

「家族間こそ明朗会計！」が家庭円満のコツです。

貸し借りの記録をきちんとつけたり、分担のルールはオープンに話せばトラブル防止に。

食事会などの席で「この出費はどっちが出すの？」と気になるモヤモヤも早めに解決。お互いの経済状況に応じて無理が生じない程度に「私はここまで払えます」とハッキリと伝えると、相手も「だったら私はこれくらい」と考えやすくなりますね。

Chapter 5

職場でのモヤモヤ

職場でのモヤモヤ その❶

こんな時どうする？

すぐに方針を変える上司

このタイミングでそれを言う？

あの仕事
やっぱり
変更して！
絶対無理です
納期まであと少し
そんなに変更したいなら
ご自分でどうぞ
言いたい
言いたい
言いた―――い!!
よろしく♡
ごくんっ
もや〜ん

イベントの準備で大忙しという時に、上司が突然方針変更。
昨日は「Aパターンで準備して」と言ったのに、
今日になって「やっぱりBパターンに」!?
納期はもう3日後に迫っているというのに!
理不尽な指示にイライラ。

あるある対応

言いたいことは山ほどあるけど、
グッとこらえて指示に従う。

私はこう対応してスッキリしました！

まずは冷静に、変更の意図を聞く 変更によるデメリットも伝え、妥協点を見つける

私も25年ほど企業勤めをしていましたので、職場で起きる様々なトラブルはひと通り経験してきました。

会社員が逃れられない悩みというのは、やはり上司や部下、同僚との人間関係でしょう。特に上司には余程のことがなければ逆らえませんから、理不尽な思いを抱える場面も少なくありませんよね。

例えば、昨日言ったことが今日になって１８０度方針転換する上司。納期までに余裕がない時に「悪いけどさ、変更してくれない？」なんて言われたら、カチン！　と来るのは当然です。

「理不尽だなあ」と心で思いつつ、指示通りに動く人がほとんどかと思います。人によっては「え?!　絶対無理です！　今さら変更するのは大変なんですから」と突っぱねるかもしれません。

でも、ここで感情的になると、単に〝融通が利かない部下〟というレッテルを貼られてしまうだけ。いざという時に大事な話が降りてこなくなっては残念ですよね。**緊急対応こそ、仕事の力量が試されるチャンス。**

私の場合、こういう場面ではいつも息を吸って冷静に、あえて低い声で淡々と「部長は昨日は『Aパターンで行く』とおっしゃいましたけれど、Bパターンに変更してよろしいんですね」と返していました。

次に、〝理由〟を聞きます。上司の立場になって考えてみると、部下の反発覚悟で方針転換するのですから、それなりの理由があってのことなのかもしれません。

その上で返ってきた答えが「たしかに」と**納得できるものだとしたら、現場**

で手を動かす者の立場として「変更によって生じるデメリット」を伝えて、判断を仰ぐのです。

「部長、Bパターンに変更したい理由はよく分かりました。でも、今から変更すると、すでにAパターン用に作った材料分のコストが無駄になりますが、それでもよろしいんですよね？」というふうに。

それでも変更する、という判断があれば、さらに〝妥協ポイント〟を交渉します。「では、急いでBパターンへの変更を進めますが、いくらなんでも明日までというのは無理です。明後日まで時間をください」。あるいは、「全部の変更は無理なので、ここの部分だけは今のままでもいいですか？」など。

これなら、上司も前向きに調整しようという気持ちが起きるのではないでしょうか。

結局は、仕事がうまくいけばいいのです。そのゴールを見失わないことが、職場のコミュニケーションのストレスを減らす一番のポイントだと私は思います。

感情のままに「できません！」で終わると、問題は宙に浮いたまま、仕事が

進まなくなってしまいますからね。

何か変則的なことが起きた時にこそ冷静になって「じゃあ、どうやっていけばいい？」と考えていくと、相手や自分の感情に巻き込まれずに済みます。

もしもあなたの上司が意味のない朝令暮改を繰り返して職場を混乱させる常習犯だとしたら、「私はあんな上司にはならないぞ！」と〝反面教師〟にするしかありませんね。

職場はいろんな意味で、学びの宝庫なのです。

職場でのモヤモヤ その❷

こんな時どうする？

部下が大きなミスをしでかした！

長年大切にしてきたお客様に

河村さん 私…… 大変なミスを……
!?
もうっ なんでそんなミスをするのよ!!
かっどうしてちゃんと確認しないの?!!
申し訳ありません…
だいたいあなたはねえ!!
怒っているだけではミスは挽回できません
もや〜ん

あろうことか、大切な顧客の資料の郵送ミスが発覚！
報告してきた部下はオロオロ、泣きそうになっています。
これは放っておくと、オオゴトに発展しそうです。

あるある対応

「なんてことをしてくれたの！　だいたいあなたはいつもボーッとしているから……」と叱りつける。

私はこう対応してスッキリしました！

相手の人格は絶対に否定しない すぐにできる対処法を指示して、再発防止策を練る

私が企業で管理職をしていた頃のある日、女性の部下が血相を変えて私の席に飛んできました。「河村さん、私、とんでもないことをしてしまいました……」。何が起きたのかを聞くと、大切な顧客に送るはずだった資料を誤って他の顧客に発送してしまったとのこと。

まだ今ほど個人情報について厳しい時代ではありませんでしたが、それでもかなり深刻なレベルのミスであることはすぐに分かりました。

「申し訳ありませんでした。私、一体どうしたら……」。顔面蒼白で立ち尽く

す部下。きっと激しい雷が落ちると思ったのでしょう。恐る恐る、私の反応を伺っているようにも見えました。

たしかに、私も内心、穏やかではありませんでした。しかし、ここで**感情的になっても何も進みません。**できるだけ落ち着いた声で、「それね、急いだ方がいいわよ」と言いました。

「とにかく今すぐ、資料を送った先のお客様の所に行って。職場に伺って、事情を説明して謝罪をしてきてちょうだい」

「分かりました。でも、私、なんて言えばいいんでしょうか」

「下手に取り繕ってはダメ。自分の手作業の単純ミスで差し違えてしまったと正直にご説明すること。そして『私の責任において必ず正しい宛先に届け直します』と許しを請うしかないと思う。**頑張ってきて。最後は私が責任を取るから**」

そう言ってすぐに送り出しました。なんとか面会が通った部下は、説明と謝罪の念を伝え、お客様からは「そこまで誠意ある行動をしてくださるのでしたら、今回は私の胸の中に収めます」とおっしゃっていただけたそうです。報告を聞いて私もホッとしました。少しでも対処が遅れたら、会社全体をも巻き込みかねないオオゴトに発展していたはずでした。

すっかり血色が戻った部下を迎えて、私はもう一言、上司の役目として付け加えました。「これ、あなたじゃなくても他の人でも起こり得るミスよね。ミスが起きないようにするには、二重チェックが必要かしら？　一緒に予防策を考えてくれる？」。後から聞くと、部下は「これぞ、仕事だ！」と心を動かされたそうです。

部下がミスをした時の対処には、上司の手腕が問われます。昨今問題になっている「パワハラ（パワーハラスメント）」というのは、きっと勢いに任せて感情的に怒りをぶつけ、余計な一言まで発する行動から、そう受け止められるのではないでしょうか。

一番やってはいけないのは、その人の人格まで否定すること。「あなたね、いつもボーッとしているから、そんなミスをするのよ！」と責め立てることは、目の前の問題を何一つ解決しませんし、むしろ部下の自信を失わせてますますミスを増やすだけ。**ミスが起きた時に上司がやるべきは、速やかに対処法を指**

示することと再発防止策を考えることだけじゃないかと思います。
それに、日頃からそういう態度を見せていると、部下も何か起きた時にすぐに報告してくれるので、大きなトラブルの予防にもなるのです。
ちなみに、あの時懸命に走り回った部下は、今も一緒に働くナオミさん。今では「また河村さんったら〜！」と私が気づかないような小さなミスをホイホイと拾い上げてフォローしてくれる頼れる存在です。

職場でのモヤモヤ　その③

こんな時どうする？

職場の同僚と気が合わない

クセが強い人、大集合！

もうっ
やってられないよ!!
キーーー
くやしい〜〜!!
ぐしゃっ
うちの会社って変な人ばっかり！こないだもあの人がね…あーでこーで
悪口〜
……あなたもね
もや〜ん

仕事そのものはやりがいがあるけれど、
会社で一緒に働く同僚がみんなクセ者揃いで、
コミュニケーションをとるのが大変！
もっと気が合う仲間と働ける環境に移るべき？

あるある対応

頑張って相手に合わせて、仲良くなろうと努めてみる。
あるいは、もっと和気あいあいと働ける環境に転職する。

職場でのモヤモヤ　その❸

私はこう対応してスッキリしました！

職場は「仕事をする場」と割り切る　普段できない人間観察のチャンスを楽しむ！

職場には、いろんな人がいますよね。のんびり屋さんで、いくら言っても お尻に火がつかない人。ちょっとしたことですぐにカッとなって暴言を まき散らす人。自分の出世のためなら、他人の悪い噂を平気で言いふらす人。 おしゃべりが大好きで1日中口を動かしている人。

まあ、ここは動物園かしら？　というほどにバリエーションに富んだタイプが揃っています（かくいう私も、「パンダ」くらい可愛いければいいのですが）。 「うちの職場、変な人ばっかり！」という不満はあちこちで聞かれますが、考えてみればそれは当たり前のことかもしれません。

なぜなら、**職場で席を並べるのは、ただ「仕事」がつながりで集まった赤の他人。**価値観や趣味を共有できる家族や友人とは違って、**自分とは正反対の性格や考え方を持ついろんな人が寄り集まっているのが当然**なんです。

だから、「えー！　あんなこと言うなんて信じられない」と驚くシーンに遭遇するのは自然ですし、ましてや〝気の合う人ばかり〟を職場に求めるほうが不自然なことだと理解しておくと気楽です。

特に女性は、良好な人間関係を職場に求めがちですが、私はある意味で職場に過度な期待をし過ぎないくらいがちょうどいいと思っていました。

仕事は仕事。人生のすべてではない。職場ではちょっと一歩引いて、自分のすべてをさらけ出さないように気をつけよう。それくらいの気持ちでいました。

一方で、周りを見渡すと、本当にいろんな人がいましたし、時には不可解な行動をとる人も。床に書類を叩きつけて「やってられないわよ！」と髪を振り乱す、「ドラマかしら？」と思える光景も目にしました。

そういう時にも私は、真正面からショックを受けたり、職場に失望したりすることはなく、「あら〜、あんなことする人って本当にいるんだぁ。私は同じことやらないように気をつけよっと」と心の手帳にメモメモ。

そこで感情的になって巻き込まれてしまっては、自分を落としてしまうことになる。「あの人はどうしてこういう行動をとってしまうのかしら？　何が影響したのかしら？」と考えを巡らせながら、**人間観察・人間研究の機会ととらえるようにしていました。**

職場での人間観察の積み重ねが、幼児教育に携わる今の仕事にもつながっているのです。

それに、もし仮に職場の問題児が去ったとしても、また別の問題児が出てくるというのが世のことわり。ちょっと問題児を抱えているくらいのほうが、チームワークがまとまることもありますよね。

「清い水だけでは魚は生きられない」と言いますが、多少は濁っていないと面白い発想や工夫は生まれないと考えると受容力はアップします。

もしも気が合わない同僚との間に不愉快なことがあったしたら、もう〝ネタ〟にしちゃいましょう。

「今日こんなことがあってね〜、なんとこんなこと言われたの！　でもね、その後、こういう結末が……」と一話完結の面白いエピソードにまとめて、帰ってから家族や友人に喋ってしまえばスッキリです。
モヤモヤはその日のうちに笑って解消！　職場でいろんな人と出会えたおかげで、私の話術はずいぶん上達しましたよ。

Chapter 5

職場でのモヤモヤ

この章でのスッキリ対応のポイント、まとめ

Point 1

何を達成すればいいのか？　というゴールを意識する

突発的な仕様の変更など、職場では理不尽に感じることが少なからず起きます。でも、そこでいちいち気持ちを振り回されて立ち止っていては仕事になりません。結局、「仕事がきちんと進むこと」を見失わずに、周りの人と足並みを揃えていくことが大切。また、緊急対応こそ仕事の力量が問われるチャンスとも言えます。

結果良ければすべてよし、と冷静さを保つ姿勢は、信頼にもつながっていくはずです。

Point 2

感情に任せて余計な一言を言わない

近頃問題になっている職場のパワハラの多くは、上司が部下に対して、その場の感情に任せて発せられた〝余計な一言〟が原因になっていると感じます。

上司の役割は部下の仕事がうまく進むためのサポートであって、その人の人格にまで口出すことではありません。

そのシンプルなルールを頭に入れておけば、残念なトラブルには発展しないのではないかと思います。

Point 3

何事も学びにつながる〝栄養〟と考える

仕事関係で関わる人の中には、家族や友人関係にはまったく見当たらないようなタイプもいるはずです。時には「え？　こんな人がいるんだぁ！」と驚くこともあるかもしれませんが、それもすべて〝発見〟と考えればプラスになります。

職場は最高の人間ウォッチングのチャンス！　そう思えば、職場で得られるすべての経験が人生の栄養になりますよ。

Column

3

忘れられないクレーム対応

私は、今の仕事を始める前にある企業に25年勤めていました。お客様対応の責任者をしていましたので、シリアスなクレームを受ける場面も多々ありました。

中でも、忘れられないのが、サービス紹介のパンフレットの送付を巡って受けたクレームです。

ある日の夕方、スタッフから「ものすごい剣幕でクレームが入りました」と報告を受けました。宛先にした方のお父様からのお電話だったそうで「なぜこんなパンフレットをうちに送ってきたんだ！　社長を出せ」と大変お怒りであると。そのパンフレットというのは、ウエディングに関するものでした。そのスタッフが「皆様にお送りしているものです」と説明しても一向に収まらないと聞き、私は「これはただごとではない、何かご事情がある」と感じました。

電話で済ませられる問題ではないと判断した私は、急ぎ菓子折りを用意して、クレーム主のご自宅まで向かいました。オフィスから、千葉の郊外までは約3時間。到着した頃には夜8時を過ぎていて駅前のお店のシャッターは閉まっていました。なんとか住所に辿り着き、玄関のチャイムを押した頃には9時近くになっていたと思います。

出られた奥様は大変驚いた顔をされていました。

「あなた、あの電話でここまで飛んで来てくださったのですか」

「えぇ、夜分に申し訳ございません。ただ、ご事情をまずお伺いしなければ、こちらも何もできないと考えましたので…」

すると、奥様は家の外に出てこられ、玄関のドアをパタンと閉め、小声で話し始めたのです。

「実は、主人があれだけ怒ってしまったのは訳があるんです。10日前に、急に息子が亡くなったんです」

私は言葉が出ませんでした。

「ごめんなさいね。理不尽なクレームだったでしょう。でも、主人のやりきれない気持ちも、私分かるんです」

涙ながらに話される奥様に、申し訳ない気持ちでいっぱいになりました。

「今日はもう主人は寝てしまっているので、明日、あなたが来てくださったことを必ず伝えます」

私は深く頭を下げて言いました。「傷つけてしまい、申し訳ございませんでした。謝りようがありません。よろしければご仏壇にお供えください」。

持参した菓子を受け取っていただき、駅まで戻る帰り道、私はとても考えさせられました。そして、「今回の件はクレームではない。パンフレットを送る先にもいろいろな物語があることを、私たちも心して考えなければならないという教えなのだ」と翌日の朝礼でスタッフ全員に話しました。

その数日後、例の奥様から丁寧なお手紙とお渡ししたはずのお菓子が送られてきました。手紙にはこう書かれていました。

「いろいろ考えましたが、やはりこのお菓子は受け取れませんので、どうぞ皆様で召し上がってください。あなたの誠意のある対応で、私たちの間ではすべて解決しました。御社がこれからますます発展しますように」と。

昨今は、個人のお宅まで直接出向くことはいかがなものかと思いますが、当時の状況としては、何としても直接お目にかかってお話しをせずにいられませんでした。結果、顔と顔を合わせて話すこと、クレームの裏側にある真意を受け取ること、それに対し、誠心誠意向き合ってすぐに行動に示すことの大切さを学んだ出来事でした。

おわりに

最後までお読みいただきありがとうございます。

「ある！　ある！　このモヤモヤ」と思われた方も多いかと思います。

人と人は全てコミュニケーションで繋がっています。「心」「言葉」「表情」がミックスされてお互いにキャッチボールし合うことをコミュニケーションと言いますが、まずは相手の気持ちを受け止め、言葉と表情でお互いに理解し合うこと。そこにユーモアがプラスされたら最高ですね。

私はストレートに相手に伝えますが、結構ユーモアで解決していることが多くそれを自分で楽しんでいます。

これからもモヤモヤを楽しみながら人生を重ねてまいります。

産業編集センターの熱意満載の松本さん、素晴らしい企画力の宮本さん、ありがとうございます。そしておぐらさんのイラスト……ユーモアがあって私をチャーミングに表現してくださいました。沢山の方に支えられて本書が出来上がったことにこの場をお借りして御礼を申し上げます。

二〇一九年三月

河村都

河村 都
Miyako Kawamura

1947年生まれ、東京都出身。幼稚園教諭を経て、NHK番組「おかあさんといっしょ」(「うごけぼくのえ」コーナー)のお姉さんとしてレギュラー出演。その後、一般企業において人材教育など25年間にわたり従事。2007年オフィスカワムラを設立。現在、幼稚園・保育園の教職員、保護者向け講演、知育教材開発、シニア向け講座等、幅広く活動中。著書に『子や孫にしばられない生き方』(産業編集センター)『ハッピーシニアの参考書』(海竜社)『子どもを伸ばす「いいね！」の言葉「ダメ！」な言葉』(講談社)などがある。

http://www.officekawamura.com

50歳からはじめる
世渡り美人の言い方・伝え方

2019年3月13日 第1刷発行

河村都……著
宮本恵理子……構成
新井大輔
中島里夏(装幀新井)……デザイン
おぐらなおみ……イラスト
村井直美……制作協力
松本貴子
小川真梨子……編集

株式会社産業編集センター……発行
〒112-0011
東京都文京区千石4丁目39番17号
TEL 03-5395-6133
FAX 03-5395-5320

株式会社東京印書館……印刷・製本

ISBN978-4-86311-215-5 C0095